Stolz sind sie die Frauen, leidenschaftlich und meinungsstark.

Klassische Schönheit? – Kann sehr stupide sein, wenn man sich außerhalb des Museums befindet. Jugendlichkeit, Natürlichkeit, Weiblichkeit? – Wie langweilig! Und warum, bitte sehr, soll die Liebe eine Zaubermacht sein?

Die amerikanische Exzentrikerin Djuna Barnes spürt den emanzipierten und eigenwilligen Frauen ihrer Zeit nach, in New York, Paris und Berlin, die nonchalant leichter eine Gewohnheit durchbrechen als eine neue annehmen.

DJUNA
BARNES

STOLZE FRAUEN
mit Vorurteil

Verlag Klaus Wagenbach   Berlin

INHALT

NACH MITTERNACHT AMÜSIERT COCO CHANEL ÜBERHAUPT NICHTS MEHR

Als Djuna Barnes im Alter von zwanzig Jahren nach New York kommt, beginnt sie mit journalistischen Arbeiten: Reportagen, Zeichnungen und Interviews, die sie später in Paris mit berühmten Persönlichkeiten fortführt. Das folgende Porträt von Coco Chanel stammt aus dem Jahr 1931.

Gabrielle »Coco« Chanel (1883–1971) ist zu dieser Zeit bereits eine weltbekannte Modemacherin. Nicht nur ihr unverkennbarer Stil – strenger geschnittene und simplere Kleider, als die Frauen sie jahrhundertelang getragen hatten –, sondern auch ihre Freundschaften und Liaisons mit Schriftstellern und Künstlern wie Jean Cocteau, Paul Morand oder Salvador Dalí sind heute legendär.

In Erinnerung an das Gespräch erklärt Barnes 1973 mit boshafter Freude, sie habe ein neu entworfenes Kleid von Chanel geschenkt bekommen, »doch ich habe es irgendeinem französischen Straßenmädchen gegeben.«

»Die Figur ist wichtiger als das Gesicht, und wichtiger als die Figur sind die Mittel, mit denen man sie sich erhält. Wichtiger als alle drei ist die Lebensfreude aufgrund der eigenen Konstitution, und die lässt sich nur durch gute Gesundheit bewahren. Finde heraus, was du gern tust, und dann tu's. Wenn du sagst, du kannst nicht, dann ist das einfach nur das Eingeständnis, dass du deinen eigenen Körper nicht soweit in Schuss hast, dass er die Rolle spielen kann, die du dir für ihn wünschst. Man lebt ja nur einmal, und da kann man ebenso gut auch amüsant sein. Wenn man nicht amüsant ist, dann liegt das daran, dass man krank ist, und kranke Menschen betragen sich unhöflich gegen die Natur.«

Gabrielle Chanel, die *plus grande couturière* von Paris mit einem Einkommen von mehreren Millionen, die 2400 Menschen in ihren Ateliers beschäftigt, ja praktisch Besitzerin der Rue Cambon ist, wo ihre Kreationen vorgestellt werden, Herrin etlicher Häuser in Europa – und die die Hand des unermesslich reichen Herzogs von Westminster ausgeschlagen hat und die Hälfte der großen Namen der Welt zu ihren Freunden zählt, aus bescheidenen ländlichen Verhältnissen in der Auvergne stammend, Gabrielle Chanel, der die Frauen zu Füßen liegen, die gut gekleidet sein wollen – diese Gabrielle Chanel liebt die Einsamkeit, die frische Luft, das Landleben, Sportkleidung, Hunde, Angeln, das Frühaufstehen und das Frühzubettgehen, Geräkel und harte Arbeit, insbesondere harte Arbeit.

Sie ist weltberühmt für zweierlei, Parfüm und strenggeschnittene Kostüme – mit anderen Worten, für die Höhe, auf die sie die Verfeinerung des Geruchssinns getrieben, und für die Tiefe, aus der heraus sie die geradezu bescheidene Strenge der schicken, schrecklich schicken, Kreationen entwickelt hat. (Die Bauersfrau und die Halbseidene, blitzblank gewaschen und mit einer Schere von Engelshand zurechtgeschnitten, aus dem Zeug scheinen ihre Angebote etwa gemacht.)

Coco Chanel tritt auf als die Verkörperung ihrer eigenen Herkunft, der Erde, und der Erde dankbar verbunden.

Ihre Philosophie ist die Ursache für ihren Erfolg und ihren Ruhm. Sie glaubt an die Natürlichkeit, und wenn sie das Wort ›natürlich‹ benutzt, dann benutzt sie es nicht in dem Sinne, wie das üblicherweise geschieht – als Bezeichnung für hässliche, ungehobelte, ungekonnte Dinge. Für sie ist das etwas Natürliches, das am vollständigsten und in sich stimmigsten ist. Wenn jemand erklärt, seine Weise, natürlich zu sein, bestehe darin, bis zum Morgengrauen aufzubleiben, zu trinken, was das

Zeug hält, sich auffällig anzuziehen und sich beim Essen ordentlich vollzustopfen, dann wird sie sagen: »Na schön – doch was haben Sie bloß für eine schlechte Natur!«

Wie alle Französinnen ist Coco Chanel vernünftig mit diesem Grad von Vernünftigkeit, die wir Bewohner der westlichen Welt als eine Art unheiliges Wohlbehagen im Angesicht der Wunder der Natur betrachten. Selbstverständlich! Coco Chanel ist ja eines der Wunder, gerade deshalb, weil sie natürlich ist. Wir sind selten natürlich, weil wir ungläubig sind. Wir haben Angst vor der Natur, und daher kommt es, behauptet sie, dass wir unsere Übungen als Medizin und nicht als Spiel auffassen.

»Ich bevorzuge an einer Frau charmante Umgangsformen, eine charmante Art zu reden, eine charmante Haltung, eine charmante Art zu tanzen gegenüber der bloß klassischen Schönheit. Klassische Schönheit kann sehr stupide sein, wenn man sich außerhalb des Museums befindet. Ein hübsches Gesicht kann der inneren Verfassung sehr unangemessen sein. Ich mag ein Gesicht, das irgendetwas sagt, das schlicht und zutreffend Auskunft über die Persönlichkeit gibt. Natürlich, wenn man das alles sein kann und gleichzeitig auch noch schön, dann ist man die Zielscheibe göttlicher Freigebigkeit gewesen.

Beobachten Sie doch«, sagt sie, »wie die Frau, die alle Blicke auf sich zieht, einen Raum betritt. Wie sie geht, wie sie sich setzt, welche Gesten sie beim Gespräch verwendet. Sie mag nach klassischen Maßstäben schlicht hässlich sein, trotzdem ist an ihrer Figur, ihrer Haltung, an ihren Gesten irgendetwas dran, das Stil hat und ansehnlich ist, weil sie eben kein schmückendes Beiwerk sind, sondern zu ihrem Wesen gehören.

Weshalb ist sie unter fünfzig, hundert anderen die Attraktivste, ob sie nun groß oder klein, dunkelhaarig oder blond, sportlich oder feminin ist? Weil sie weiß, wie sie gehen möchte, warum sie sich hinsetzen will und worauf sich ihre Gesten beziehen. Sie ist sie selbst.

Sie ist mit ihrem Gang auf keine ›Mode‹ angewiesen, wie etwa den einst beliebten latschigen Gang der Debütantinnen, den ich für äußerst unschön hielt, weil er das war, was ich einen ›Markengang‹ nenne – jede Frau ging wie die andere. Man bewahre sich seine Eigenständigkeit, selbst in Belangen der Mode. Eine Frau sollte keine Gliederpuppe sein, was dann der Fall ist, wenn sie der Mode allzu sklavisch und ohne Geschmacksvorlieben folgt.

Wenn eine Frau sich ihre Figur erhalten will, dann muss sie sich beschäftigen, arbeiten können.

Dann ist sie glücklich, weniger befangen, und dieser Zustand wird sich in ihrer Figur widerspiegeln. Männer mögen tüchtige Frauen. Sie ist frei von der Angst, die sie empfand, als sie wirtschaftlich abhängig war, und folglich besitzt sie auch mehr echte Schönheit.

Man soll arbeiten, dann spielen, sich entspannen, schwimmen, angeln, eine Runde Golf oder Tennis spielen, ins Freie gehen und sich an Luft und Sonne freuen. Und hier möchte ich unterscheiden zwischen Gymnastikübungen und Sport. Gymnastik ist kein Ersatz für Sport. Solche Übungen sind sehr gut, wenn man weder Zeit noch Lust zu etwas anderem hat, doch ich stehe auf dem Standpunkt, dass straffe Gymnastikübungen sich zu den natürlichen Sportarten – wie Schwimmen, Wandern, Reiten – verhalten wie Lebensmittelkonserven zu frischen Erzeugnissen aus dem Garten. Wenn man seinem Körper nichts Besseres bieten kann, dann sind Konditionsübungen brauchbar, wenn man aber eine bezaubernde Figur und Geschmeidigkeit bekommen und auf Dauer behalten will, dann muss man Freude an der Bewegung im Freien, an frischer Luft, an Sport haben.

Was ist eigentlich eine schlechte Figur? Das ist eine Figur, die bis in die einzelnen Glieder hinein ängstlich ist. Eine solche Ängstlichkeit in der

Haltung kommt daher, dass man seinem Körper nicht gegeben hat, was ihm zusteht. Ein Mädchen, das sich schämt, weil es seine Schulaufgaben nicht gemacht hat, hat denselben Ausdruck wie der Körper einer Frau, die nicht gelernt hat, was Natur ist.

Man kann nicht gleichzeitig zwei Schicksale haben, das des Narren und Maßlosen und das des Weisen und Maßvollen. Man kann kein Nachtleben durchhalten und tagsüber noch etwas zuwege bringen. Man kann sich nicht Nahrungsmittel und alkoholische Getränke genehmigen, die den Körper zerstören, und immer noch hoffen, dass man einen Körper hat, der mit einem Minimum an Selbstzerstörung funktioniert. Eine Kerze, die an beiden Enden brennt, mag zwar helleres Licht verbreiten, doch die Dunkelheit, die dann folgt, währt länger.

Was nun die Frage angeht, welcher Diät man folgen soll, um sich seine vollkommene Figur zu erhalten, so kann ich nur wiederholen, was ich über alle anderen Lebensfunktionen gesagt habe – mäßig sein, einfach sein, redlich sein. Ein redlicher Appetit wird auch einfach sein, und ein einfacher Appetit bescheiden. Weniger essen, als man Lust zu haben meint, mit der Intelligenz essen, nicht mit dem Magen. Niemals vom Tisch aufstehen und sich insgeheim dafür entschuldigen müssen, dass man ein Vielfraß ist; das ist eine Beleidigung für die Tafel.

Gut schlafen, sieben bis acht Stunden, wenn man es braucht; bei geöffneten Fenstern schlafen. Früh aufstehen, hart arbeiten, sehr hart. Das tut einem nicht weh, denn es sorgt für einen regen Geist, und der Geist wiederum sorgt für die Anteilnahme des Körpers. Das klingt komisch, doch wenn Sie darüber nachdenken, werden Sie feststellen, dass es gar nicht komisch ist. Nicht bis spätnachts aufbleiben. Schließlich, was ist denn an dem sogenannten gesellschaftlichen Leben dermaßen Wertvolles dran, dass Sie die Kissen verschmähen, um bis zum frühen Morgen daran teilhaben zu können? Schlechte Luft, schlechtes Essen, schlechte Getränke, hässliche Umgebung, die das Herz nicht erfreuen, dumme Menschen, die Nacht für Nacht dieselben endlosen *histoires* wiederholen – die *histoires* solcher Leben, die nur gelebt worden sind, um erzählt werden zu können, und aus diesem Grund der Erzählung nicht wert sind. Schonen Sie sich um Ihrer selbst willen. Schonen Sie Ihre Ohren, schonen Sie Ihre Augen, schonen Sie Ihre Gedanken, schonen Sie Ihre Nerven. Was haben Sie denn nach Mitternacht schon gehört, das Sie für wertvoller halten als Ihren

Nachtschlaf? Es ist doch nur das, was Sie sowieso schon gehört haben, und zwar hundertmal, und das, was Sie morgen wieder hören werden, es sei denn, Sie hören auf mit diesem Unfug.

Mich persönlich amüsiert nach zwölf Uhr überhaupt nichts mehr!«

 September 1931

»Was kann eine schöne Frau am Abend nicht alles tragen! Jede Farbe der Welt, außer Braun. Ich mag Braun für den Abend nicht, weil es mich an den Tag erinnert. Und wer will denn ausgerechnet daran erinnert werden? Niemals soll man abends etwas tragen, das die Gedanken zum Arbeitsalltag zurückschweifen lässt.«

Mary Garden (1874–1967), eine der populärsten Opernsängerinnen aller Zeiten, sang sämtliche großen Liebesrollen. D.B. interviewte sie 1925.

GEGEN DIE NATUR

*Worin alles, was jung, unzulänglich und lästig ist,
unter den Begriff »natürlich« fällt*

Ich hasse die Natur.

Die Natur und die Einfachheit.

Ich habe sie immer gehasst.

Ich fühle, dass ich sie immer hassen werde.

Ich habe die Einfachheit schon in der Wiege gehasst. Ich neigte im zarten Alter von sechs Monaten zu Perioden grimmigen Schweigens, weil ich wusste, dass mich eine einzige Sicherheitsnadel zusammenhält. Ich hätte gerne gefühlt, dass meine Persönlichkeit mindestens drei Sicherheitsnadeln verlangt. O ja, wie hätte ich geschwelgt in dem Bewusstsein, dass ich, als einziges Baby in meiner Gemeinde, drei Sicherheitsnadeln brauche, die verhindern, dass ich mich auswickle.

Es regte mich auf, wenn die Druckknöpfe an meinem Nachthemd nicht aufeinandergedrückt waren, falls Sie verstehen, was ich meine.

Ich wuchs in Unruhe auf.

Mit siebzehn hatte ich genug von den Durchschnittshelden in Büchern. Ich sehnte mich nach einem, der seine eigene Geburt oder eine ähnliche Kleinigkeit vollbringt.

Mit neunzehn war ich nachgerade unwahrscheinlich. Mit dreiundzwanzig trug ich Burne-Jones-Kleider und reckte meinen Hals, bis er wehtat. Ich trug zwei grüne Daumenringe, und niemand, außer dem Gärtner unseres Orchideenhauses, der an sonderbares und unerklärliches Wachstum gewöhnt war, wagte mich anzusprechen.

Eine kultivierte Frau

Mit fünfundzwanzig lehnte ich mich an jede Gartenurne im Umkreis von sechs Meilen. Ich sprach geringschätzig zu Vogel, Vieh und Lurch. Ich war allein auf Raumgewinnung aus.

Ich wuchs.

Selbstverständlich war das alles sehr schwierig für meine Freunde. Meine Tee-Einladungen erreichten einen derart hohen Grad der Spannung, dass am Ende der Pastor eine Predigt über mich hielt. Er nannte die Predigt »Überspanne die E-Saite nicht« – ich habe vergessen, auf was für eine Moral sie hinauslief.

Ich bin keine Alte Jungfer. Ich bin weder bitter noch brummig, ich stichle keine dümmlichen Mottos. Nein, ich bin stolz auf mein goldnes Haar und meine hohen Absätze und die rotbraunen Handschuhe, und an der Art, wie meine Nasenlöcher beben, ist zu erkennen, dass ich gar köstlich gelitten habe an Fragen wie dieser: Wem hat Conrad mehr abgewonnen, den Frauen oder der See.

Ich vertrete fortschrittliche Ideen, aber keine pöbelhaft fortschrittlichen. Ich halte mich schön der Zeit voraus, wobei ich am vorteilhaftesten aussehe; den Kopf halb über die Schulter zurückgewandt, winke ich meiner Generation.

Ich bin auch nicht besonders gefährlich. Man hält mich zwar dafür, einfach, weil ich anderer Leute Vorstellungen von Gefahr verspotte. Das bringt die Leute auf.

Ich bin eine kultivierte Frau. Es ist nicht zu bestreiten, dass ich viel gereist bin. In allem, was ich tue, ist ein Quäntchen Europäisches: Beispielsweise versuche ich immer, wenigstens ein Land zwischen mich und meine politischen Überzeugungen zu legen – das ist ziemlich unüblich bei einer Frau, geben Sie es zu.

Außerdem habe ich gute Manieren. An meinem Gang kann man sehen, dass ich Napoleons Gruft und das Grabmal von Oscar Wilde besucht habe und die Wachsfiguren im deutschen Gruselkabinett. Es ist etwas an der Art, wie ich im Sessel sitze – zurückgelehnt, mit ganz geradem Rücken –, was Ihnen eine Ahnung davon gibt, dass ich die Satteltechnik der Jeanne d'Arc in allen besseren französischen Ortschaften studiert habe, und nur jemand, der die große Treppe der Opéra mit besonders ehrfürchtigem Schritt emporgestiegen ist, könnte die Füße mit dem Gefühl von Verhängnis heben, das ich ihm einflöße, wenn ich die meinen hebe.

Die Sicherheit geht in Deckung, wenn ich daherkomme. Es gibt nicht eine Katze im Umkreis meiner Wohnung, die nicht sechs Zoll höher springt als irgendeine andere Katze, um den Zaun freizumachen, eben wegen jenes Etwas in meiner Persönlichkeit.

Aber das ist es nicht allein, was mich auf meine Art schmale Augen machen lässt und traurig in meinem Endiviensalat stochern.

Es ist die Erkenntnis über die Unmenge von Dingen, die unter den vernichtenden Oberbegriff Natur und Einfachheit fallen. Alles, was unzulänglich, jung und lästig ist, wird natürlich genannt.

Die Männer fallen unter diesen Begriff –

Die Liebe fällt darunter –

Die Babys –

Die Jugendzeit –
Die Weiblichkeit –
Die *débutante* –
Die *jeune fille*, und

Alle Arten von Naturliebhabern, männlichen und weiblichen.

Zu dieser Aufstellung von »natürlichen« Dingen möchte ich den Heuschnupfen, Kriminalromane, schlechte Laune, Versprecher, Hochmut hinzuzählen und was immer man zu tun vergisst oder zu faul ist, auszuführen, oder nicht raffiniert genug war, zu verheimlichen.

Lassen Sie mich als erstes die Sache mit den Männern behandeln.

Die Männer sind so simpel, dass man unweigerlich erkennt, wann sie verliebt sind, an der seltsamen Art, wie sie einem die Vorhänge herunterreißen – und sich auf jedes Foto stürzen, auf dem nicht sie selbst abgebildet sind und das einem möglicherweise lieb geworden ist. Das zweite Stadium führt Pistolen ein, die sie freilich nie abzufeuern gedenken, und falls doch, dann gänzlich halbherzig; und es dauert nicht lang, bis sie einem zu Füßen fallen, nachdem jede andere dramatische Pose ausgeschöpft ist – aber dabei ist nur ein weiteres Naturgesetz am Werk – auch der Agrostiswurm beginnt seine Unterminierung an der Basis.

Verführer an allen Ecken und Enden
Ich bin von vielen Männern verehrt worden. Männer aus dem glühenden Süden kamen über die grüne Grenze herauf nach New York, um Warnungen zwischen den Zähnen hervorzuzischen wie »Pass auf!« oder »Vorsicht, Gefahr!« Aber am Ende war ihre Kraft in der Gefahr so gering, dass es mir überlassen blieb, das Tigerfell in Stücke zu reißen, ganz allein, Stück für Stück, Haar für Haar.

Männer aus dem kalten Norden, schwer mit Fellen behangen, die so viel Paar Fäustlinge übereinander trugen, dass sie gänzlich außerstande waren, ihr Kartentäschchen zu erfingern, haben mich zu überzeugen versucht, dass ich gar liebreizend aussehen würde vor einem kleinen Eisberg als Hintergrund, und für den Rest des Abends war es meine schmerzliche Pflicht, sie davon abzuhalten, wegen ihrer tropischen Exzesse in frisches Grün auszuschlagen.

Daran sehen Sie, dass sie nicht nur lächerlich sind, sondern sich gegenseitig aufheben.

Hinzu kommt, dass sie die Frau für den legitimen *cul de sac* jeder dümmlichen Tätigkeit zu halten scheinen.

Und schließlich, wenn sie sie dann gänzlich mürbe gemacht haben, kommen sie mit den Kindern daher.

Ich möchte allerdings gern wissen, warum gerade Kinder zur Rechtfertigung der Existenz einer Frau herhalten müssen.

Sich in einem Leben fünf- oder sechsmal zu rechtfertigen, das heißt doch, wie mir scheint, auf einem Punkt herumzureiten, den sogar die Natur auf sich beruhen lässt, und die Natur lässt kaum je etwas auf sich beruhen.

Und doch machen manche Frauen weiter, ein siebtes oder achtes Mal.

Ich meine, es wäre weitaus delikater, und zwar in jeder Hinsicht, wenn die Frauen aufhörten, sich der Kinder als Beweisgrund zu bedienen. Man sollte nicht durch Weiblichkeit Beachtung erzwingen.

Und nun kommen wir zur *jeune fille*.

Ich hasse die *jeune fille*. So viel Jugend gibt es gar nicht. Immer schreien sie überrascht auf: »Wo bin ich?«, wenn sie eine Spur zu zeitig fürs Frühstück aufwachen.

Und, o Gott, die *débutante*.

Ich weiß, dass jedes junge Geschöpf ein Anrecht hat, einmal hervorzutreten, aber sie treten zu weit hervor. Sie schlittern dahin und landen geradewegs hier draußen, mitten unter Frauen, die gelitten haben und dabei ihre Zigaretten nicht haben ausgehen lassen.

Und sie spüren, dass die Natur auf ihrer Seite ist.

Das ist es, was ich gegen die Natur habe. Die bloße Anwesenheit einer *débutante* bringt mir zu Bewusstsein, dass Einfachheit nichts für mich ist. Am liebsten würde ich mir Rosen – extra rot – ins Haar flechten und unausstehlich verrücktspielen. Denn ich könnte dem Wahnsinn manches zuführen, was er nie gehabt hat.

Die Unzulänglichkeiten der ›débutantes‹
Ja, wenn ich die *débutante* lachen höre und all ihre Unzulänglichkeiten wahrnehme, die in Beinen enden; wenn sie über Shaw diskutieren, vom Standpunkt des Respekts für den Bart, und über Henry James, weil er alles so herrlich ungesagt gelassen hat; – dann, ja dann möchte ich den Efeu, der sich um das Familiengrab gerankt hat, herunterreißen und in die Wüste gehen, mit einem sympathischen, recht weltklugen Mönch ohne allzu große Neigung zu leidenschaftlichem Verzicht.

Hier muss ich nun eine Frage einflechten: Wie können junge Mädchen in so großer Sicherheit leben und doch, ganz unverhofft, in das »gefährliche Alter« kommen?

Das ist nicht der Stoff, aus dem Gefahr gemacht ist.

Man kann unmöglich gefährlich sein, solang man nicht *zu viel* über die Liebe weiß.

Liebe ist die Trumpfkarte der Natur.

Einst hat man mir erzählt (wie sollte es anders sein), dass die Liebe schön ist. Meine Mutter hat es mir erzählt; sie musste es wissen, sie hat nie eine gehabt. Der Mangel regte ihre Phantasie an. Ein Wissenschaftler wird Ihnen sagen, dass der Mangel immer diese Wirkung hervorbringt.

Sie sagte, die Liebe ist eine Zaubermacht; sie sagte auch, die Liebe ist eine Gabe, die nicht nur kostbar, sondern zwiefältig ist, und dass man nicht damit zu spielen hat. Sie setzte hinzu, dass die Liebe nichts für die Massen ist. Wozu sie gut ist, sagte sie, das hätte sie nie herausbringen können; sie sagte, vielleicht gehöre sie ihrem Wesen nach zu H. G. Wells.

Sie sagte, dass unter den Naturliebhabern niemand so hingebungsvoll sei wie der müde Geschäftsmann, und sie setzte hinzu, dass es vielleicht überhaupt nicht darauf ankommt.

Ich habe sie nie gefragt, was sie damit meint. Ich habe sie nicht gefragt, weil ich selbst ein wenig über Geschäftsmänner als Naturliebhaber weiß.

Sie lieben die Natur noch mehr als Annette Kellermann und Isadora Duncan zusammen. Der Geschäftsmann macht sich stark für jede gesellschaftliche Scheußlichkeit, deren Anstifter er möglicherweise war, einfach indem er die Natur ins Spiel bringt. Er zerrt ständig an Ihren Nerven durch grelle Beschreibungen eines Zuhauses mit Kletterrosen an der vorderen Veranda und Rauch, der aus dem Kamin aufsteigt, und Hühnern, die Eier legen im Hinterhof.

Ich vermute, kaum jemand ist sich bewusst, wie gefährlich es ist, die Natur zu lieben. Ich habe gesehen, was für sonderbare und schreckliche Dinge sie an Menschen angerichtet hat, die einen guten Start gehabt hatten.

Aus Liebe zu Pflanzen haben Menschen die Fähigkeit zum Alleinestehen verloren und sind für immer abhängig geworden. Infolge der Beschäftigung mit kriechenden, zweihülsigen Wesen haben sie es dermaßen lange versäumt, sich zu rasieren, dass sie wegen ihres langen Bartes im Haus zu nichts mehr zu gebrauchen waren.

Einige der besten Familien haben sich zu Fotografien für die Bildseite der *Times* hergegeben: auf dem Foto knietief in Binsen und Fuchsschwanz stehend, halten sie das Familienbaby auf der Höhe ihrer Umlegekragen – und darunter ein Titel wie: »Er liebte die Natur, aber die Natur hat nicht gewartet.«

Den Frauen hat die Liebe zur Natur allerdings noch Schlimmeres angetan. Unter ihrem Einfluss werden Frauen anfällig für Netze und schrille, kleine Mitleidsschreie, weil sie auf einen Wurm getreten sind oder den Schmelz von einem Schmetterling gestreift haben.

Nun, da ich Ihnen gesagt habe, was ich hasse und warum ich es hasse, werde ich Ihnen sagen, was ich gern anstelle von Natur und Einfachheit hätte; denn, wie Sie vermutet haben werden, ich bin keine von Grund auf zersetzende Kritikerin. Nein, ich glaube an das Konstruktive.

Ich wünsche mir Frauen, die ihr Schicksal ohne Kinder meistern –

Débutantes, die auf die Jugend pfeifen –

Jeunes Filles, die ihr nachtrauern –

Männer, die nicht mit ihr rechnen –

Liebe, die sie nicht mitenthält –

Und Naturliebhaber, die der Natur ein paar private Augenblicke gönnen – auf diese Weise würde vielleicht etwas Wunderbares geschehen!

Ja, ich wünsche mir Verstrickung, Falschheit, Perfidität – alles, alles, was einen Schritt entfernt ist von jener ewigen Einfachheit, die jedermann zu lieben scheint.

Ja, ich bin die, die schmale Augen macht und in ihrem Endiviensalat stochert, und es ist mir egal, wer mir dabei zusieht.

FRANZÖSISCHE ETIKETTE FÜR AUSLÄNDER

Als eine freundliche Warnung an den ahnungs-
losen amerikanischen Touristen, der in Paris frei
herumläuft.

Wenn man Sie den Löwen vorwerfen würde, um, sagen wir, vier Uhr, würden Sie sich nicht in diesem entscheidenden Augenblick wünschen, dass ein rücksichtsvoller Vorgänger einen Fingerzeig hinterlassen hätte, nicht über die Größe und Farbe der Bestie (die können Sie selbst sehen), sondern über Mittel und Wege, ihren Hunger mit einem pflanzlichen Mischfutter zu stillen, ihren Grimm durch Handzeichen zu besänftigen und sie aus der Nähe ein wenig auf Distanz zu halten?

Und doch wird Jahr um Jahr der arglose amerikanische Christ in die Arena geworfen, darin eine unbekannte Größe würdevoll einherschreitet – die französische Seele. Ohne Belehrung oder Vorwarnung, *sans* Schliff und *sans* Schläue, gleichermaßen unerfahren in der Kunst, das Fell zu streicheln und das träge, ominöse Schaukeln des Schweifs zu beschwichtigen.

Wer hat etwa nicht Bücher über gesellschaftliche Etikette gesehen, nein, sich in sie vertieft, die ausdrücklich zu dem Zweck geschrieben wurden, Leute aller Stände im sicheren Auftreten bei Hochzeiten und Begräbnissen und im überlegenen Gleichmut gegen Bettler wie gegen Fürsten zu unterweisen und sie zu vortrefflichen *Connaisseurs* der Briefschreibekunst zu machen. Broschüren für alle, die nicht allzu viel übrig lassen möchten für die, höchstwahrscheinlich fragwürdigen, Vorbilder bei sich zu Haus.

Regeln für Amerikaner in Amerika, für Engländer in England und, soweit uns bekannt ist, Hinweise für Hindus. Falls es jedoch eine Anleitung gibt, nicht nur für schickliche Manieren, sondern auch für die Sicherheit von Ausländern im Allgemeinen (und Amerikanern im Besonderen), wenn sie Frankreich besuchen, mir ist noch keine unter die Augen gekommen.

Dies ist also solch eine Anleitung, die entworfen wurde, um das Reisen zu einem Vergnügen zu machen und allen Leuten, die danach streben, sich in Europa den »letzten Schliff« zu holen, eine sichere Heimkehr zu garantieren.

Stellen Sie sich vor, Sie treten aus dem *gare* heraus; Sie sind unweigerlich deprimiert darüber, dass es in Strömen regnet, und auch darüber, dass Sie nicht die leiseste Ahnung haben, wie weit was wovon entfernt ist. Nun dürfen Sie als Frau niemals versuchen, sich unter dem gastlichen Vordach eines Cafés oder einer Boutique unterzustellen. Die sind (aus Instinkt, wessen weiß niemand) den Männern vorbehalten, desgleichen jedes Taxi, jede Tram, jeder Bus, besonders bei schlechtem Wetter. Deswegen gehört es sich, keinen Unmut zu zeigen, wenn ein vollendeter französischer Gentleman Sie mürrisch vom Kotflügel fegt, in die nasseste von zwei Pfützen hinein, sodann im Rhythmus dieser urigen Bewegung Ihre Hand von der Taxitüre reißt und Ihre Adresse aus der Erinnerung des Fahrers spurlos verdrängt durch seine eigene, die neuer und vollständiger ist. Alle Naturkatastrophen, vom Regen bis zur Guillotine, sind infolge des nämlichen Instinkts den Damen vorbehalten.

Wenn jedoch der Regen nachlässt und die Sonne plötzlich hervorbricht, was selten genug geschieht, und Sie erwischen ein Taxi, weil niemand anderer es will, das Sie zu ihrem Hotel bringen soll, so beschimpfen Sie nicht den Fahrer, wenn er Sie einige zehn oder zwölf Häuserblöcke über die angegebene Hausnummer hinaus fährt. Er gibt Ihnen lediglich seinen angeborenen Stolz zu erkennen, jenes Etwas, das Frankreich französisch macht. Mit anderen Worten, er beweist Ihnen, dass er nicht nur Ihre Hausnummer kennt, sondern eine Unzahl von Hausnummern, die alle etwas wert sind. Sie sollten ihm seinen Willen lassen, und außerdem tut Ihnen Zufußgehen sehr gut, und während Sie zurückwandern, wird er langsam neben Ihnen herfahren und Sie aus erster Hand in eine Ausdrucksweise einweihen, von der Sie nie etwas geahnt hätten. Und wenn Sie Ihr eigenes Hotel erreicht haben, werden Sie dankbar sein zu erfahren, dass zwei Fahrpreise zu bezahlen sind, einer, den Sie ihm schulden für den Weg über das Hotel hinaus, und einer, den Sie ihm schulden für den Weg zurück zum Hotel. Am besten, Sie bezahlen.

Wenn Sie Ihren Zimmerschlüssel entgegennehmen, fragen Sie nicht, ob es in dem Etablissement ein Badezimmer gibt. Früher hat es eins gegeben, aber es war belegt vom Leichnam eines Oxford-Studenten, der ein Gedicht der Präraffaelitischen Schule zu viel gelesen hatte. Nichts blockiert die sanitären Anlagen so wirkungsvoll wie die Malven-Dekade.

Ihr nächster Schritt sollte Sie zum Telefon führen; wenn Sie dort Ihren Gesprächspartner endlich erreichen (Sie werden eine Stunde oder länger brauchen), sollten Sie ihn bitten, dass er Ihnen den Vertreter einer Versicherung heraufschickt, bevor Sie wieder auf die Straße gehen. Wenn Sie schon einmal in Paris waren, werden Sie wissen, warum. Denn sollten Sie beim Überqueren der Place de la Concorde in zwei Richtungen und von zwei Autos – eines rast südwärts, eines ramponiert es nordwärts – überfahren und getötet werden, werden Sie zwei Strafen zu bezahlen haben. Diese Place ist nur eine von vielen, wo Sie mehreren Todesarten ausgesetzt sind. Ihre Versicherung wird ungefähr die Punkte Ihres Hinscheidens decken.

Wenn diese Angelegenheit erledigt ist, können Sie einen Nachmittag für den Besuch von Sehenswürdigkeiten planen. Die Franzosen haben hinsichtlich ihrer historischen Denkmäler ziemlich einhellige Ansichten. Und Sie werden sich keiner Verletzung des guten Tons schuldig machen, wenn Sie ihnen beipflichten. Sollte Sie jedoch das unbezähmbare Verlangen ergreifen, irgendein Bauwerk, wenngleich noch so sanft, zu kritisieren, so bezwingen Sie in jedem Fall den Drang nach der Frage, »Warum der Eiffelturm?« Der Franzose wird vermutlich darauf antworten, »Warum die Freiheitsstatue?«

Von Ihnen beiden werden Sie sich in der größeren Verlegenheit befinden.

Wenn Sie Einkäufe machen, verlangen Sie von einem *marchand* nie, dass etwas sofort verfügbar ist. Sie haben alles prompte Handeln in der Revolution erschöpft. Es ist ihnen unmöglich, sich zu einem näheren Termin an der Arbeit zu sehen, als Montag in vierzehn Tagen. Diese Angewohnheit trägt in Frankreich den Namen Fortschritt.

Umgekehrt versuchen Sie nicht, ihnen die drangvolle Eile des amerikanischen Geschäftsmanns auszumalen. Sie haben nun einmal keine gute Meinung von uns.

Wenn Sie ein Gentleman sind, der sich unbedingt einen neuen und schicken französischen Sommeranzug anschaffen will, so lehnen Sie sich nicht dagegen auf, wenn der Schneider den Gürtel unter den Armen anbringt. Es ist der Beweis für seine Raffinesse – alle großen und alten Zivilisationen sterben am Ende den Erstickungstod. Die Franzosen haben es nicht mehr weit.

Sprechen Sie niemals auf einem Spaziergang durch die Gärten des Luxembourg ein französisches Kind an. Es wird die Vertraulichkeit übelnehmen, mit jenem Anflug von Eifer, der kleinen Gruppen eigen ist. Der Anflug ist gewöhnlich Matsch.

Bei einer Fahrt mit dem Nachtzug gehört es sich, dass Sie nicht gegen die hermetisch versiegelten

Türen und Fenster protestieren. Man wird Ihnen sagen, dass der Zug schneller fährt, wenn er nicht gegen Einflüsse von außen anzukämpfen hat. Die französische Luft ist nämlich die einzige französische Einrichtung, die die Franzosen nicht leiden können.

Ich kann diese Abhandlung nicht beenden ohne ein Wort über jenes extrem gewagte Unternehmen, das man als »Den-Franzosen-Zuhause-Aufsuchen« kennt. Ich glaube, da gibt es nur zwei Wege. Einen über den Altar, einen übers Fenster. Das Fenster hat sich als der erfolgreichere von beiden erwiesen. Nichtsdestoweniger können Sie es auf die altmodische Art versuchen, indem Sie die äußerste Sorgfalt auf Ihre persönliche Eleganz verwenden, energisch zur Türglocke hinaufgehen und läuten. Sowie der Butler öffnet, schieben Sie Ihre Stiefelspitze zwischen Tür und Pfosten und fragen dabei in den blumigen Ausdrücken, wie sie in Peking im Schwange sind, nach dem Befinden des erhabenen, durchlauchtigsten, für diese Welt viel zu guten Gastgebers, ganz zu schweigen von der göttergleichen Dame des Hauses, und setzen hinzu, dass Sie hoffen, der Schlummer habe sein Herz erfrischt und die Quelle seiner Jugend sprudeln lassen etc., etc. Und dann sagen Sie schnell, wenn der energische Kick des Butlers Ihre allzu vorwitzige Extremität hinausdrängt und Sie hierdurch mit der Fußmatte involviert, wie sehr es Sie beglückt, dass er sich so gut bei Kräften fühlt, dass Sie hoffen, seine Gattin erfreue sich des gleichen Elans, und dass Sie, wenn er nichts dagegen einzuwenden hat, zumal Sie dank seiner Gastfreundschaft eine nicht unbeträchtliche Erschöpfung verspürten – beabsichtigen, sich in das Café an der Ecke zurückzuziehen, um einen Schluck Mineralwasser oder was es auch sei, zu sich zu nehmen.

Falls Sie sich jedoch entschließen, durchs Fenster einzusteigen (ich versichere Ihnen, es ist das meistangewendete Verfahren, namentlich in Badeorten), gehört es sich, dass Sie die Schuhe und den Hut ablegen, auf dass Sie zugleich geräuschlos und ehrerbietig seien. Sodann schleichen Sie auf Zehenspitzen und murmeln, wenn Sie auf die ruhende Gestalt der Perle aller Französinnen stoßen, die friedlich in ihrem Pariser Négligé schlummert: »Ich komme nicht als Dieb. Ich will nichts als einen einzigen glücklichen Augenblick die Franzosen betrachten, umgeben von ihren eigenen Wänden, eingetaucht in ihre eigenen Traditionen und fern von dem polyglotten Pöbel in ihrem Land.« Ja, sagen Sie das, unter allen Umständen, aber lassen Sie den Mut nicht sinken, wenn sie, mit einem wohlmodulierten Rhode-Island-Schrei, in peinlich vertrautem Amerikanisch, kreischt: »Sie Rohling! Könnten Sie nicht wenigstens den Anstand haben, Franzose zu sein, wenn Sie schon in Frankreich sind. Ich will nicht, dass einer von meiner eigenen Rasse bei mir einbricht!«

Da bleibt nur eins. Gehen Sie, wie Sie gekommen sind. Aber indem Sie Ihren Fehler korrigieren, tun Sie gut daran, jenen zierlichen kleinen Kupferstich nicht mitgehen zu lassen, dem Kostüm nach aus der Zeit Napoleons II. Es ist ein Seriendruck aus Hoboken.

N.B. Für jemand, der in Frankreich ist, gehört es sich, dass er französisch spricht. Sie sind das so gewöhnt.

»Eine Stunde von vierundzwanzig sollte man darauf verwenden, die restlichen dreiundzwanzig zu verstehen.«

Mary ›Mother‹ Jones (1837–1930), berühmte amerikanische Gewerkschafterin, im Gespräch mit D.B. 1915.

HINTER DEM HERZEN

Jetzt möchte ich Ihnen von einem Jungen erzählen, Madame, und was er, genau eine Woche lang, für eine Dame bedeutete, die viel Konsequenz besaß, da ihr Geist immer und um jeden Preis ausgeglichen gewesen war, und es war sie teuer zu stehen gekommen, denn mit vierzig kannte sie das Leben schon fast vierzig Jahre, was für die meisten Menschen nicht zutrifft, *n'est-ce pas*, Madame? Zwanzig Jahre werden einem Kind zu Beginn gegeben, um heranzuwachsen, ohne viel zu wissen über Traurigkeit oder Glück, sodass das Kind ein wenig herumwandern kann und in den Himmel und auf die Erde schauen und sich fragen kann, was einmal sein wird, das noch gar kein Sein hat, damit es mit Zwanzig auf sein Schicksal stoßen und Sicherheit darin finden kann. Und mit dem Jungen verhielt es sich so, aber mit ihr war es anders, Leben war für sie immer ein Schicksal gewesen und sie trug es mit sich, als sie und der Junge sich trafen.

Wirklich, Madame, es kommt selten in der Welt vor, dass ich von Jungen spreche, daher müssen Sie wissen, dass dies ein ganz besonderer Junge war. Er war sehr jung, Madame, kaum zwanzig, und ich denke, er hatte bis dahin erst eine kleine Weile gelebt, ein Jahr vielleicht, vielleicht zwei. Er war aus dem Süden, sodass, was hell und schnell in ihm war, oftmals sonderbar erschien, so sehr war er ins Schweigen eingebunden. Und sie, Madame, sie kam aus dem Norden und war umgetrieben vom Blick nach innen. Es war in Paris, Madame, und im Herbst, und in der Regenzeit. Wochenlang hatte es geregnet, tags und nachts, wochenlang. Es regnete unter den Bäumen und auf die Avenuen und auf die Häuser, und es regnete die Seine entlang, sodass das Wasser zu nass erschien; und die Strebepfeiler der Kirchen und die Dachrinnen an den Häusern weinten unentwegt; der Regen fiel, sich in den Ecken festhaltend und endlos hinuntergleitend. Die Leute saßen mit hochgestelltem Mantelkragen in Cafés, denn mit dem Regen kam die Kälte; und überall redete jeder über die Gefahren des Wetters, und in einigen Cafés war die Rede von Politik und Regen, und von Liebe und Regen, und von Regen und vernichtetem Getreide, und in einem Café redeten ein paar Leute von Hess, dieser Dame, Madame, von der ich spreche.

Und sie sagten, es sei ein Jammer, dass sie, die zum ersten Mal seit zwei Jahren nach Paris gekommen war, um sich auszuruhen und nach ihrem Haus zu schauen und ein wenig fröhlich zu sein, in der dritten Woche krank werden musste.

Und es war ja wahr. Kaum drei Wochen, und sie musste unter das Messer, sodass alle ihre Freunde sehr traurig waren, als sie zusammen tranken. Und einige sagten, sie sei tapfer, und einige sagten, sie sei schön, und einige, dass sie immer allein sei, und andere sagten, sie sei mürrisch, und nehme, auf amüsante Weise, dem Leben alle Freude mit ihrem Lachen. Und einige fragten sich, ob es notwendig sein würde, sie zu vergessen.

Und sie besuchten sie, und einer von ihnen kam mit dem Jungen, das war am Tag als sie nach Hause gehen sollte, und sie war noch nicht wieder sehr kräftig, und sie sah den Jungen an und streckte ihm die Hand entgegen, und sie sagte: »Du wirst kommen und bei mir bleiben, bis es Zeit ist.« Und er sagte: »Ich werde kommen.«

Und so kam es, Madame, dass sie auf ihre Woche kam, die ohne Schicksal war – wie wir es verstehen –, und darum erzähle ich es.

Was weiß ich, Madame, was ihr an ihm gefiel? Vielleicht war es etwas, das jeder, der ihn sah, bemerkte und gemocht haben würde, je nach seiner eigenen Natur. Da war etwas Merkwürdiges an ihm, Menschen, die ihn nicht mochten, mit denen stimmte etwas nicht; er schien eine Art Test zu sein für etwas in diesen Menschen, das sie verloren hatten und gern wiedergehabt hätten.

Er hatte leichte, lange Beine, und er ging immer geradeaus, gerade wie ein Indianer gingen seine Füße, und sein Körper hielt sich zurück. Und es war rührend und lächerlich, denn es war der Gang eines Familienvaters im Kind des Vaters, ein Konstruktionsfehler, der sofort aufhörte, wenn er sich setzte, denn wenn er saß, war er ein vaterloses Kind, von seinem schmalen Hintern aufwärts war er so klein. Seine Hände waren lang und dünn, und wenn er ihre Hände hielt, waren sie sehr zerbrechlich, so als seien sie noch nicht lange benutzt worden, aber wenn er à *bientôt* zu seinen Freunden sagte, Madame, war sein Händedruck kräftig und sicher. Aber sein Lächeln, Madame, war das sanfteste an ihm. Seine Zähne waren weiß und regelmäßig, aber auf die Zähne kam es nicht so sehr an, sondern auf seinen Mund. Die Oberlippe war wie eine Lippe über einer Lippe, eine schwache innere Linie ließ ihn doppelt erscheinen, wie das Lächeln von Tieren, wenn es Frühling wird; und während die meisten Münder dem Schwung der Knochen folgen, verlief seiner nach außen und

nach oben, ganz unabhängig von der Schädel-
form.

Sein Kinn war lang und oval und seine Augen
waren wie ihre, so als seien sie Blutsverwandte,
Bruder und Schwester, aber durch Ereignisse von-
einander getrennt. Seine waren sanft und leuch-
tend und aufmerksam, und ihre waren freundlich
und humorvoll und satirisch. Manchmal rollte er
seine Augen nach oben, sodass man sich fragte,
ob er das mit Absicht tat oder ob irgendetwas in
ihm an irgendetwas zu denken versuchte, und in
dem Augenblick kamen sie wieder zurück – ohne
den Gedanken, lächelnd und freundlich.

Sie lag auf ihrem großen weißen Bett, hinter
sich viele Spitzenkissen und Kissen mit Heiligen-
stickereien darauf, und ich denke, Madame, sie
war sehr glücklich und auch überrascht, denn sie
kannte viele Arten der Liebe; die Liebe von Männern, die ernsthaft und töricht und vertrauensvoll
waren; und von Männern, die klug waren und
eitel und gutaussehend; und von Männern, die nur
das kannten, was sie selbst wollten. Jetzt schaute
sie auf einen Jungen und wusste, dass sie ihn liebte
mit einer Liebe jenseits des Herzens, fremd und
sonderbar.

Er saß neben ihr, das Kinn in der Hand, und
betrachtete sie lange, und sie wusste, dass, was

zwischen ihnen war, so sein würde, wie er es sich wünschte.

Und sie sprachen über viele Dinge. Sie versuchte, ihm von ihrem Leben zu erzählen, aber was darin schrecklich war und hässlich und schmerzlich, ließ sie um seinetwillen komisch erscheinen, ließ es zur Legende werden, zu Folklore, zu einer Geschichte, machte es groß mit ihrer schläfrigen Stimme, denn er konnte es nicht kennen. Und er erzählte ihr von sich, schnell, als wäre es ein Traum, den er zu vergessen anfing und mit dem er sich beeilen musste. Und er sagte: »Du denkst gern an den Tod, und ich denke nicht gern an den Tod, weil ich ihn einmal gesehen habe und nicht weinen konnte!«, und sie sagte: »Weiß ich, warum du nicht weinen konntest?«, und er sagte: »Du weißt es.«

Dann, in einer Nacht, sagte er: »Ich liebe dich«, und sie drehte sich um: »Und liebst du mich?«, sagte sie, und er kam zu ihr und kniete nieder und legte seine Hände auf ihre beiden Wangen, seinen Mund auf ihren Mund, sanft, schnell, und seine Zunge schnellte vorwärts, als wäre sie ein Tier, das begierig ist auf ein neues Gras und doch Angst davor hat, und er stand rasch auf. Da bemerkte sie, dass seine Augen seitlich in seinem Kopf lagen, nicht wie menschliche Augen, die im Profil verschwinden, sondern wie Tieraugen, die klar, gewölbt und blau hervorstehen, die schrägen Wimpern glatt und regelmäßig gesenkt.

Und dann, Madame, fragte sie: »Wie liebst du mich?« Und er sagte: »Ich liebe dich mehr als irgendjemanden sonst, so wie ich Schwester und Mutter liebe und noch jemanden, den ich einmal geliebt habe und der gestorben ist.« Und das Glück wurde beschattet von Bestürzung. »Mutter«, sagte er, »ist schön und dünn, und obgleich sie ruhig ist, ist etwas in ihr, mit dem sie spricht: Psst, psst für Schwester und mich. Schwester ist schön und dunkel, und sie singt tief in ihrer Kehle. ›Nun leg ich nieder meine schwere Bürde‹ und biegt dabei den Kopf zurück, so, um herauszufinden, wo es singt. Und wenn sie lacht, lacht sie sehr heftig, sie muss sich, wo immer sie ist, wegen ihres Lachens im Bauch hinsetzen, und sie tanzt wie verrückt, und wenn du gesund bist, werden wir miteinander tanzen.«

Und dann sagte er: »Liebst du mich wie eine Geliebte liebt?« Er sah sie mit seinen leuchtenden, aufmerksamen Augen an, und sie glitten an ihr vorbei und er sagte: »Was du dir wünschst, gehört dir.« Und in dem Augenblick, als sie glücklich war, beugte er sich vor: »Bist du glücklich?«, und sie sagte: »Ja«, und sie war nahe daran zu weinen, »und bist du glücklich«, fragte sie ihn, und er sagte: »Erschreckend glücklich.« Und dann sagte sie: »Komm und setz dich neben mich«, und er kam, und dann begann sie: »Nun, wo ist der kleine Junge, dem ich die Hand entgegenstreckte und zu dem ich sagte, du wirst kommen und bei mir bleiben, bis es Zeit ist.« Seine Augen waren wie durch einen Schatten vom Licht geweitet. Ihre Stimme war weit weg, kam wie aus großer Entfernung zu ihm. »Wir verlieren jenen anderen«, sagte sie.

»Wenn wir einander kennenlernen, geht es immer so, der eine kommt und der andere geht fort, wir verlieren den einen und können den andern nicht finden. Wo ist jener andere kleine Junge? Er ist jetzt fort und verloren –« Seine Augen blickten sie immer noch an mit dem Schatten des Lichts darin, und mit einem Mal lachte er und weinte zugleich mit weit geöffneten Augen; die Schultern hochgezogen, lehnte er sich zur Seite, und sie richtete sich zu ihm auf und legte die Arme um ihn, so als müsse es rasch sein, und sie sagte: »Mein Liebster, mein Liebster!«, und er lachte und weinte und sagte: »Ich muss immer daran denken, dass ich dir vertraut habe.« Und seine Hände zwischen den Beinen stießen hart gegen das Bett, und sie wussten, dass sie sie an irgendetwas erinnert hatte.

Am nächsten Morgen kam sie an das Bett, in dem er schlief, denn er schlief viele Stunden lang, wie ein Kind, und sie legte sich neben ihn und tat ihre Arme um seinen Kopf auf dem Kissen und beugte sich vor, um ihn zu wecken, und sein Mund, der im Schlaf geschlossen gewesen war, öffnete sich und ihre Zähne berührten seine Zähne, und plötzlich zog er die Beine hoch und drehte sich zur Seite und sagte: »Ich habe die ganze Nacht von dir geträumt, und bevor ich zu träumen anfing, lag ich hier und ich war du. Mein Kopf war dein Kopf und mein Körper war dein Körper und meine Beine da unten waren deine Beine. Ich dachte, ich bin verrückt.« Und er sagte: »Was tust du da mit mir?« Und sie stand auf und trat ans Fenster und sagte: »Du bist's, der es tut.«

Und dann kam er herein in einem langen Morgenmantel, die Augen voller Schlaf, und brachte ein Tablett mit der Teekanne und den *brioches* und dem Honigtopf, und noch ganz im Schlaf tat er sich Krumen und Tee in den Mund und hielt eine ihrer Hände mit seiner Hand. Also, Madame, legte sie sich, um den Schmerz in ihrem Herzen zu lindern, eine Geschichte zurecht und machte einen Plan, aus dem nie etwas werden würde.

»Du bist mein kleiner Bräutigam«, sagte sie, »und wir werden im Bois herumfahren, denn das ist ganz gewiss etwas, das man tun muss, wenn man verliebt ist, und du wirst das große Uniform-Cape tragen, und wir werden an der Ritz-Bar Cocktails trinken, und wir werden die Seine in einem Boot hinunterfahren, und dann werden wir zusammen nach Wien reisen und werden in einer offenen Kutsche durch die Stadt fahren, und ich werde deine Hand halten und wir werden sehr glücklich sein. Und dann fahren wir auf dem Wasser weiter nach Budapest, und du wirst dich in deinen Mantel wickeln und jeder wird uns für sehr ansehnlich und geheimnisvoll halten, und du wirst wissen, dass du eine Freundin hast.«

Seine Augen waren riesig und sein Mund lächelte das kleinere innere Lächeln, und er sagte: »Wie konnte ich wissen, dass ich verheiratet werde!«

Und später, Madame, als sie aufstehen und wirklich gehen konnte, wanderten sie durch den Luxembourg-Garten, er hielt ihren Arm fest und sie zeigte ihm die Statue der Königin, die eine kleine Königin in der Hand hält, und er zeigte ihr einen von drei laufenden Jungen; und sie betrachteten all die Blumen, die der Regen niedergeschlagen hatte, die Spaliergitter für Wein und Pfirsiche, die, von Papiersäcken umhüllt, aus der Ferne aussahen wie eine unbekannte Art Lilien. Sie wanderten unter den hohen dunklen Bäumen ohne Äste, bis sie etwas weiter oben waren, und er fragte: »Wie viel von dir gehört mir?«, und sie antwortete: »Alles, was du dir wünschst«. Und er sagte: »Ich würde Weihnachten gern mit dir zusammen sein«, und sie sagte: »Mit mir und niemand anderem?«, und dann: »Was dir gehört, gehört niemand anderem.«

Und dann gingen sie nach Hause, Madame, und tranken Tee am hellen Kaminfeuer, und er sagte: »Du hast keine Schmerzen mehr, und ich muss jetzt gehen.« Und sie wusste, es gab einen Zauber in ihnen, der zerbrechen würde, wenn er ihr Haus verließ. Und sie sagte: »Was wirst du tun, wenn ich sterbe?«

Und er sagte: »Ein Wort unter den Namen.«

Und sie sagte: »Welches Wort?«

Und er sagte: »Geliebte.«

Und dann fing er an, sich auf das Weggehen vorzubereiten. Als sie ihm beim Anziehen zusah, sank ihr das Herz, endlos, ins Dunkel sank es, und die Freude streckte eine Hand aus, um es aufzuhalten, aber es fiel weiter und weiter; und der Kummer streckte eine Hand aus und es fiel, und sank und sank, als er sich die Haare bürstete und sich seinen Nacken puderte, diesen allmählichen, zarten Nacken, und als er den Kopf erst zur anderen Seite wandte und sie im Spiegel über die Schulter hinweg ansah und langsam wieder wegsah und rasch wieder zurückblickte zu ihr, und seine Augen waren sanft und freundlich.

Und es hatte wieder zu regnen angefangen und es war dunkel rund um die Kerze, die er sich für seine Packerei geholt hatte, seine Bücher und seine Hemden und seine Taschentücher, und er beeilte sich, den Koffer abzuschließen, weil ein Freund kam, um ihm tragen zu helfen, und sein Haar fiel nach vorn, lang, glatt, schwingend, und er sagte: »Ich komme in zehn Tagen zurück, und dann reisen wir. Und ich werde dir jetzt jeden Tag schreiben.« Und sie sagte: »Du musst nicht gehen«, und er antwortete ihr mit seiner leichten kleinen Stimme: »Ich gehe jetzt, damit ich weiß, wie es sein wird, wenn du für immer fortgehst.« Und sie zitterte im Dunkeln und ging in ihr Schlafzimmer und stand da mit dem Rücken zur Wand, eine große weinende Gestalt, weinte und stand still, und er schien es zu wissen, obgleich sie keinen Ton von sich gab, denn er kam zu ihr herein und er legte seine Hände auf ihre Schultern und seine dünnen Unterarme auf ihre Brust, und er sagte: »Du bist zutiefst gut, und ist alles in Ordnung mit dir?« Und sie sagte: »Ich bin ganz fröhlich.« Dann nahm er seinen Koffer und seine Bücher unter den Arm und küsste sie schnell und öffnete die Tür, und da kam sein Freund die Treppe herauf. Und sie schloss die Tür und lehnte sich dagegen.

LA GRANDE MALADE

Und da waren wir, meine Schwester Moydia und ich, Madame. Moydia war fünfzehn, und ich war siebzehn, und wir waren rundum jung. Moydia hat eine dünne, dünne Haut, sodass ich sitze und sie anschaue und mich frage, wie sie überhaupt Ansichten haben kann. Sie ist vollkommen weiß, bis auf die Backenknochen, die damals rosig waren: ihre Zähne sind Milchzähne, und sie ist ein zierliches Persönchen, sehr hübsch und possierlich. Sie wollte ›*tragique*‹ werden und ›*triste*‹ und ›schrecklich‹ zugleich, wie die großen Französinnen der Zeit, nur heftiger und vielleicht weniger *pure*, und dabei doch sterben und ihr Herz aufgeben wie eine Jungfrau. Es war eine edle, eine unsinnige Ambition, *n'est-ce pas*, Madame? Doch so stand es nun einmal um Moydia. Als wir in Norwegen waren, saßen wir immer in der Sonne und lasen Goethe und waren überhaupt nicht einverstanden mit ihm. »Der Mann ist *pompeux* und zu *assuré*«, sagte sie dann und kniff die Lippen zusammen, »und viel, viel zu *facile*.« Doch dann sagen die Leute halt, wir verstünden nichts davon.

Wir sind Russinnen, Moydia und ich, und es war reiner Zufall, der entsetzlichste Zufall in unserem ganzen bisherigen Leben, dass wir überhaupt jemals erfahren haben, dass unsere Großmutter Jüdin war, und warum? Weil man ihr nichtsahnend *erlaubt* hatte, auf dem Totenbett Champagner zu trinken, und Juden ist Champagner doch verboten. Und weil sie nun sozusagen verdammt war (zum Sterben und obendrein wegen der ›Erlaubnis‹), zwang sie Mutter, ebenfalls Champagner zu trinken, sodass sie schon als Lebende verdammt wäre wie die Sterbende im äußersten Falle. So sind wir denn Jüdinnen und keine Jüdinnen. Wir sind das, wo wir sind. Wir sind Polinnen, wenn wir in Polen sind, und wenn wir in Holland sind, sind wir Holländerinnen, und jetzt in Frankreich sind wir Französinnen, und eines Tages werden wir nach Amerika gehen und Amerikanerinnen sein, warten Sie nur ab, Madame.

Mittlerweile habe ich das ganze Polnisch vergessen, das ich konnte, und das ganze Russisch, das ich konnte, und das ganze Holländisch, außer allerdings einem Gedicht. Ach, dies Gedicht! Dies winzige Gedichtchen! Es geht einem so ans Herz, so ein schwermütiges, süßes Stückchen Sprache. Es erfüllt einen von Kopf bis Fuß mit Mitleid, weil es zwar vollständig, aber verstümmelt ist, wie eine griechische Statue, und dennoch ein Ganzes, wie ein Leben, Madame.

Nun bin ich nach Paris gekommen, und ich respektiere Paris. Anfangs respektierte ich es in einem großen Hut. Ich bin klein, und ein großer Hut stand mir eigentlich gar nicht, doch ich trug ihn aus Respekt. Es war ein einziger Wirrwarr aus Blumen und einer protzigen Feder; er umstand mein Gesicht, sodass es sich inmitten eines Gartens befand. Mittlerweile trage ich ihn nicht mehr. Ich musste in meinem Wissen zurückgehen, geradenwegs zurück bis zu der Stelle in meiner Erinnerung, wo ich meinen Vater anschaue und sehe, wie er aussah, wenn er aus dem Schnee hereinkam. Damals sah ich ihn nicht wirklich. Jetzt sehe ich hingegen, dass er die ganze Zeit, als ich mir keinerlei Gedanken über ihn machte, wahrhaft schön war – mit seiner Breitschwanzmütze, dem Rock mit Schnürbesatz, mit all den silbernen Knöpfen und den hohen, spiegelblanken Stiefeln, die seine Beine unmittelbar unter dem Knie umschlossen. Dann denke ich an das Fenster, von dem ich herunterblickte und die Rundung jenes Hutes sah – eines wunderbaren, eines geheimnisvollen roten Filzhutes. Also trage ich meine Hüte aus Respekt für jenen Mann klein. irgendwann, wenn ich Geld habe, werden meine Schuhe höher sein und mir bis zum Knie reichen. Das ist mein persönlicher Weg, Madame, doch es ist nicht dasselbe mit Moydia. Sie hat eine großartige Erinnerung, die zur Gegenwart gehört, und die dreht sich ausschließlich um ein Cape, und folglich trägt sie jetzt ein Cape, bis etwas noch Gebieterischeres das Cape vertreibt. Doch das muss ich erklären.

Zunächst einmal sind wir ja sehr jung, wie schon gesagt, und deshalb wird man auch sehr rasch *tragique*, wenn man tüchtig ist, stimmt das nicht? Also war Moydia, die doch zwei Jahre jünger ist als ich, fast sofort erschöpft.

Sie wissen doch, wie das in Paris ist im Herbst, wenn der Sommer sich gerade vom Laub trennt. Ich war mit Moydia zwei Herbste lang hier gewesen; der erste war traurig, ohne einem das Herz schwer zu machen, so wie das eben ist, wenn alle Geliebten, die man hat, trotz der Kälte leben. Wir gingen in den Tuilerien spazieren, ich mit meinem Käppchen und Moydia in einem flauschigen Mantel, denn die Art Mantel trug sie damals gerade, und wir kauften uns vor dem Kasperletheater rosa und blaue Bonbons und lachten, wenn die Puppen einander hauten, und dabei war Moydias

Gesicht unter der zitronenduftenden Haut ganz angespannt, und die Tränen liefen ihr aus den Augen, als wir fanden, wie vollkommen das alles war, die Puppen mit ihrem Gehaue und die Bäume, die kahlen, und der Boden, der zugeschüttet war von ihrem Laub – und dann der Teich. Wir blieben am Teich stehen. Das Wasser war bis zum Rand voll mit Wasserlilienkissen, und Moydia sagte, es sei eine Schande, dass die Frauen sich in die Seine stürzten, nur um in deren Gram einzugehen, statt sich in einen genau richtigen Teich wie diesen zu werfen, wo das Wasser ein Teil von ihnen würde. Wir grämten uns ungeheuer darüber, dass die Menschen nicht in Schönheit lebten oder starben und auch überhaupt nichts planten, und wir erklärten auf der Stelle, dass wir es besser machen würden.

Danach bemerkte ich, fast sofort, dass Moydia ein wenig zu dekorativ geworden war. Sie streute sich den Zucker aus zu großer Höhe in den Tee, und sie sprach sehr schnell. So war das mit meiner Schwester Moydia in jenem Herbst.

Und natürlich wurden wir plötzlich ungeheuer raffiniert. Wir hängten uns zwei lange Spitzenvorhänge über die Betten, und wir sprachen von Liebhabern, und wir rauchten. Und ich? Ich ging in Seidenhosen umher, aus Respekt für China, das ja ein gewaltiges Land ist und *majesté* besitzt, weil man es nicht kennen kann. Es ist wie ein dickes Buch, das man zwar lesen, nicht aber verstehen kann. Also erzähle ich Moydia von China; und wir hielten drei Vögel, die nicht sangen, als Symbol des chinesischen Herzens. Und Moydia lag auf ihrem Bett und wurde immer ruheloser, wie eine Geschichte, die keinen Anfang und kein Ende kennt, nur eine Leidenschaft, wie aufzuckende Blitze.

Immerfort strampelte sie mit den Beinen und zerriss sie Spitzentaschentücher und weinte sie in ihr Kissen, doch wenn ich sie fragte, weshalb sie das alles täte, dann setzte sie sich mit einem Ruck auf und wimmerte: »Weil ich *alles* will und mich in der Jugend verzehren!«

So wusste sie eines Tages dann alles. Obwohl ich zwei Jahre älter bin als Moydia, ist es mit mir anders. Ich lebe langsamer, nur Frauen hören mir zu, doch Moydia beten die Männer an. Sie hören ihr nicht zu, sie schauen. Sie schauen sie an, wenn sie sich hinsetzt und wenn sie geht. Mit einem Mal begann sie, völlig anders zu gehen und sich hinzusetzen. All ihre Bewegungen waren eine Art *malheureuser* Sturm. Sie hatte ihren Liebhaber, und sie lachte und weinte, das Gesicht nach unten gekehrt, und wimmerte dabei: »Ist es nicht herrlich?« Und vielleicht war es tatsächlich herrlich, Madame. Von all ihren Bewunderern hatte sie den Berühmtesten gewählt, keinen anderen als Monsieur X. Seine große Bekanntheit hatte ihn abgezehrt. Er kleidete sich sehr *soigneusement*, weiße Handschuhe, wissen Sie, und Gamaschen und ein Cape, eine sehr kleidsame Angelegenheit mit einem Militärkragen; und er war *grave* und *rare* und starrte einen mit dem einen Auge überhaupt nicht an, aber das andere, das blickte aus einem Monokel heraus, wie das lidlose Auge eines Fisches in tiefem Wasser. Er war der *protégé* eines Barons. Der Baron hatte ihn sehr gern und nannte ihn seinen »*Poupon prodigieux*«, und sie spielten zur Unterhaltung des Faubourg Farcen. So verhielt sich das mit Monsieur X, jedenfalls in seiner Glanzzeit, als er, sagen wir ruhig, die *beau d'un-jour* und damit beschäftigt war, Fabeln über Gott und die Welt zu schreiben, doch beendete er die Geschichten stets mit einigen Absätzen gegen die Frauen, *très âcres*.

Moydia begann, sich eine gutturale Stimme zuzulegen. Sie wurde eine *habituée* der Oper; entfesselt umflatterte und umtänzelte sie Monsieur X während der Pause, zerpflückte dabei ihre Blumen und verstreute sie überallhin und trällerte: »*Je suis éternellement!*« Das Publikum sah das mit Missvergnügen, doch der Baron war entzückt.

Weil meine Schwester und ich schon immer viel zusammen gewesen waren, waren wir auch jetzt viel zusammen. Zuweilen besuchte ich den Baron mit ihr und hatte viele erbauliche Stunden, indem ich die beiden einfach nur beobachtete. Wenn der Baron Gäste hatte, war er sehr heiter und verstand sich glänzend auf eine Art gealterter Unreife, und Moydia spielte dann das Kätzchen oder die große Dame, wie es der Anlass erforderte. Wenn er sie einen Augenblick lang zu vergessen schien, wurde sie zur *gamine*, streckte ihm die Zunge heraus, wenn er ihr den Rücken zukehrte, und zischte: »*Ah, tu es belle!*«, woraufhin er sich umdrehte und lachte, und sie wiederum fiel ihm in den Schoß, mit allem, was sie hatte, ganz steif und *enragée*. Und dann musste er sie lange Zeit streicheln und sie mit seiner hohen, abgenutzten femininen Stimme fragen, was los war. Und einmal wollte sie die Augen nicht öffnen, sondern kreischte und ließ ihn ihr Herz fühlen, indem sie sagte: »Schlägt dies Geschöpf nicht grässlich?«, und er fragte in flehentlichem Ton: »Weil, weil?«

Dann klatschte sie in die Hände und brach in Tränen aus und schrie: »Ich verkörpere zu viele Schicksale für Sie. Ich bin Marie auf dem Weg zur *guillotine*. Ich bin Bloody Mary, doch ich habe kein Blut gesehen. Ich bin Desdemona, doch Othello –

wo ist der? Ich bin Hekuba und Helena. Ich bin Gretchen und Brünhild, ich bin Nana und Camille. Doch ich bin nicht so gelangweilt, wie sie es sind! Wann werde ich mich *richtig* langweilen?«

Er langweilte sich und schob sie von seinem Knie herunter.

Sie stürzte sich auf ihn und zerrte an seinen Kleidern und zerriss ihm die Handschuhe und sagte seelenruhig: »Ich kann mich nur wundern, wie ich Sie so gar nicht liebe.«

Doch wenn wir nach Hause kamen, musste ich sie zu Bett bringen. Sie zitterte und lachte, und sie schien Fieber zu haben.

»Hast du sein Gesicht gesehen? Das ist ein Untier! Ein Produkt der *malaise*. Er will, dass ich sein Sakristan bin. Er hätte gern, dass ich ihn beerdige. Da bin ich mir sicher. Katya, bist du dir nicht auch sicher? Er ist eine alte Seele. Er ist an seinem sterblichen Ende angelangt. Er ist ekelhaft vor lauter *finis*. Doch der Tod hat ihm einen Aufschub gewährt. Oh!«, schrie sie, »ich bete ihn an! Ich bete ihn an! Ich bete ihn an! Oh, ich bete ihn an!« Und sie weigerte sich so lange, ihn zu sehen, bis er schier rasend wurde und selbst zu ihr kam. Sie rannte das ganze Treppenhaus hinunter vor ihm her. Ich konnte das scharfe Knallen ihrer Absätze und ihre lispelnde Stimme hören, als sie zitierte:

»*Le héron au long bec emmanché d'un long cou*«, sie trällerte es, als sie die letzte Stufe hinunter in den Tag hineinsprang, und dann rief sie: »*C'est la fontaine, la fontaine magnifique!*« Und man konnte seinen Rohrstock hinterdrein tappen hören.

Dann, letzten Herbst, ehe der Winter anbrach (Sie waren damals nicht hier, Madame), war Moydia nach Deutschland gefahren, um Papa zu besuchen, und die ganze Nacht vor ihrer Abreise hatten wir zusammengesessen, wir drei, Moydia, ihr Liebhaber und ich. Wir tranken viel zu viel. Ich sang mein holländisches Lied und sprach ausgiebig, redete wirres Zeug über Vater und seine Mütze und seine Stiefel und den wundervollen Rock, den er hatte. Das gefiel Moydia, und es gefiel auch mir, doch Monsieur X kamen wir wahrscheinlich wie Bettler vor, die sich an verflossenes Gold erinnerten. Also tanzte ich einen Tatarentanz und wütete, weil meine Stiefel mir nicht bis an die Knie gingen, und die ganze Zeit saß Moydia an die Schulter ihres Liebhabers gelehnt, beide miteinander verschmolzen, als seien sie ein Emblem. Doch als ich herumzuwirbeln aufhörte, rief er mich zu sich und flüsterte, eines Tages würde ich ein Paar großartige Stiefel bekommen, was mich mit großer Freude erfüllte. Doch Moydia sprang auf. »Ich liebe doch diesen Mann nicht, diesen Cookoo, hm?« Sie nannte ihn immer Cookoo, wenn sie ihn am liebsten hatte, so als spräche sie von jemand anderem. »Ich liebe Cookoo nur, wenn ich betrunken bin. Deshalb liebe ich ihn jetzt überhaupt nicht, weil ich überhaupt nicht betrunken bin. Oh doch, wir russischen Frauen trinken ungeheuer viel, aber zum Nüchternwerden – das berücksichtigen die anderen Völker dabei nicht! Stimmt das nicht, Katya? Das liegt daran, dass wir so extravagant sind, dass wir keine Gerechtigkeit anstreben … Wir streben Poesie an. Du betest mich zwar an, weißt du«, sagte sie zu ihm, »und ich *lasse* dich, doch so ist das nun mal mit polnischen Frauen.«

»Russischen«, verbesserte er sie und saß und starrte durch die Rundung seines Monokels nur die Wand an.

Nun gut, Moydia fuhr also nach Deutschland, um Papa zu besuchen, der jetzt Handelsreisender ist und Diamanten kauft und verkauft. Er will uns kein Geld schicken, wenn er uns nicht wenigstens einmal im Jahr zu sehen bekommt. So ist er eben. Er sagt, er will nicht, dass seine Mädchen zu irgendetwas heranwachsen, für das er ungern bezahlt. Manchmal schickt er Geld aus Russland, manchmal aus Polen, manchmal aus Belgien, manchmal aus England. Er sagt immer, eines Tages käme er auch nach Paris, doch er kommt nicht. Es ist sehr verwirrend, so viele Sorten Geld zu bekommen, wir wissen nie, was wir ausgeben dürfen, wir müssen sehr vorsichtig sein; vielleicht ist das ja die Idee dabei. Doch in diesem Augenblick hatte Moydia jede Vorsicht aufgegeben. Sie kaufte sich ein neues Kleid, um Monsieur X zu gefallen und um darin zu reisen und um Vater nicht zu beunruhigen – alles gleichzeitig. Es war also ein raffiniertes Kleid, sehr geschickt gewählt und rührend. Es bestand ganz aus gepunktetem *suisse*, es hatte ein sehr eng anliegendes Mieder, und auf dies Mieder war, genau zwischen den Brüsten, in sehr feinem Twist ein geschlachtetes Lamm gestickt. Das mochte alles bedeuten, Sie verstehen schon, oder auch gar nichts, und es konnte Vater und Liebhaber gleichermaßen erfreuen.

Nachdem sie weggefahren war, saß ich jeden Nachmittag im Café und wartete auf ihre Rückkehr. Sie sollte nicht länger als zwei Wochen wegbleiben. Das war der Herbst, in dem ich eine große Traurigkeit verspürte, Madame, ich las eine Menge und ging in den Tuilerien spazieren und besuchte wieder den Teich und trat unter die Bäume, wo die Luft kühl war, und es gab ganz viele Menschen, die nicht fröhlich zu sein schienen. Der Herbst ist im vorigen Jahr anders verlaufen; er war schon im September bedrückend gewesen –

es war, als käme von weit her ein Katafalk nach Paris herein und jedermann wusste das. Die Männer knöpften sich die Mäntel bis oben hin zu, und die Frauen hielten die Sonnenschirme schräg, wie gegen den Regen.

So vergingen zehn Tage, und die Jahreszeit hing lastend in einem Dunst, der fast alles andere auslöschte. Man konnte kaum die Seine erkennen, wenn man über die Brücken lief, die Statuen in den Parks hatten sich gänzlich zurückgezogen, und die Wachen sahen aus wie Puppen in Schachteln, der Boden war ständig feucht, die *brasiers* in den Cafés brannten mit aller Kraft. Dann wusste ich, plötzlich wusste ich – Moydias Geliebter lag im Sterben! Und er starb tatsächlich in derselben Nacht. Er hatte sich an dem Abend, als Moydia abgereist war, eine Erkältung zugezogen, und die war immer schlimmer geworden. Es hieß, der Baron sei ständig bei ihm gewesen, und als der Baron gesehen habe, dass Monsieur X wirklich sterben würde, habe er ihn dazu bewegt, zu trinken. Sie tranken die ganze Nacht miteinander und bis in den Morgen hinein. Der Baron wollte es so haben: »Auf diese Weise«, sagte er, »kann er vielleicht sterben, wie er geboren ist, ohne es zu wissen.«

Ich ging also schnurstracks zum Haus des Barons und zu seiner Tür hinauf und pochte – doch er wollte mich nicht einlassen. Er sagte durch die Tür hindurch, Moydias Liebhaber sei noch am selben Morgen beerdigt worden, und ich sagte: »Geben Sie mir etwas für Moydia«, und er sagte: »Was soll ich Ihnen denn geben?«, und er setzte hinzu: »Er hat nichts hinterlassen als einen unsterblichen Namen!« Und ich sagte: »Geben Sie mir sein Cape.« Und er gab mir sein Cape, durch den Türspalt unter der Kette hindurch, doch er sah nicht zu mir hinaus, und ich ging weg.

Am Abend kam Moydia aus Deutschland zurück. Sie hatte entsetzliches Fieber und sprach sehr schnell, wie ein Kind. Sie wollte unverzüglich zu Monsieur gehen. Ich hatte alle Mühe, sie zu Hause zu halten. Ich steckte sie ins Bett und machte ihr Tee, doch ich konnte es nicht für mich behalten, also brachte ich ihr das Cape und sagte: »Cookoo ist tot, und das ist sein Cape, und es ist für dich.« Sie sagte: »Wie ist er gestorben?«, und: »Warum?«

Ich sagte: »Er ist in der Nacht krank geworden, wo du weggefahren bist, er bekam Fieber, und das ging nicht wieder weg, also hat der Baron sich zu ihm gesetzt, und sie haben die ganze Nacht getrunken, sodass er sterben konnte, wie er geboren war, ohne es zu wissen.«

Moydia begann, mit beiden Händen aufs Bett zu schlagen, und sagte dazu: »Dann lass uns auch trinken, und ich bete zu Gott, dass ich denselben Tod sterbe! Wir saßen die ganze Nacht und tranken und redeten irgendwelches Zeug. Gegen Morgen sagte sie: »Da habe ich ja jetzt ein großartiges Leben!«, und sie weinte und ging schlafen, und am anderen Mittag war sie ganz gesund.

Und jetzt, Madame, trägt sie es immer. Das Cape. Die Männer bewundern sie darin, und tatsächlich sieht sie sehr gut darin aus, finden Sie nicht auch? Sie ist rascher gewachsen als ich, man sollte eigentlich meinen, sie sei die Ältere, nicht? Sie ist heiter, verwöhnt, *tragique*. Sie zuckert ihren Tee aus zu großer Höhe. Und das ist alles. Mehr gibt es nicht zu erzählen, außer – in dem *débacle* gerieten meine Stiefel ganz in Vergessenheit. Am nächsten Tag brachten alle Zeitungen Seiten um Seiten über Monsieur X, und auf allen Seiten trug er ein Cape. Wir, Moydia und ich, lasen sie gemeinsam. Vielleicht hat man ja sogar in Amerika etwas über ihn gedruckt? Wahrhaftig, wir sprechen ein bisschen Französisch, da müssen wir zusehen, dass wir weiterkommen.

DER BRIEF, DER NIEMALS
ABGESCHICKT WURDE

Den ganzen Winter lang hatte Berlin von nichts anderem geredet als vom Charme, der unaussprechlichen Anmut und Schönheit der kleinen Wiener Tänzerin Vava Hajos. Zu Beginn der Theatersaison war sie wie der Blitz ins Publikum gefahren – ein wirbelndes Stücklein gefärbter Draperie, so flüchtig wie der Atemhauch eines Sterbenden auf einem Spiegel, durch den ihre Glieder hindurchschienen wie hinter dem Wolkenvorhang des Gedächtnisses. Ihr Kopf war eine einzige Masse üppig quellenden Haars, das sich mit sehnsuchtsvoller und dabei doch strahlender Ungebärdigkeit vom Halsansatz emporlockte und über hohen geschwungenen Brauen flammte. Und das allmähliche *rallentando* ihres Tanzes, das ihre Füße über die Bühne zog, als lägen sie, in wehrloser Schwäche, in irgendeinem zarten Phantomspinngewebe gefangen, hatte nicht nur das ganze tonangebende Berlin zum Rasen gebracht, sondern auch sämtliche Provinzgrößen und Kaufleute, die in jener Saison in die Stadt drängten.

Wenn sie aus dem Theater strömten, in dem sie auftrat, glitzerte die frostkalte Luft von ihren bewundernden Kommentaren. Ihr Mund, so riefen sie, sei vom warmen leuchtenden Scharlachrot einer Mohnblüte, das letzte ersterbende Zucken ihrer Hand ein Triumph der Ausdruckskunst und der Schönheit. »Niemals zuvor hat eine Hand«, daran konnte es für sie keinen Zweifel geben, »mit so viel *largo* Lebewohl gewinkt.«

Und dies äußerste Maß an Harmonie, das jede Linie ihres Körpers auszeichnet ... die Schultern, schmal, wie sie sind, wirken sie doch straff und breit ... Der feste, winzige Zylinder des Rumpfes, wie er sich zu Hüften verjüngt, um sich mit der Entrücktheit des Schlafes in Bein und Fessel aufzulösen, die wiederum ihren göttlichen Abschluss in einem Fuße finden, der der Springborn des Lebens selbst scheint.«

Beschwingt wie Vögel flatterten die Preisgedichte nächtens über die gestikulierenden Hände, die in freudiger Erregung gestrafften Schultern von Vavas anbetendem Publikum hinweg in die Luft hinauf.

Zwei der reichsten, edelsten, glühendsten unter all den anbetenden und flehenden Augenpaaren gehörten zwei Freunden, dem Baron Anzengruber und dem Vicomte Virevaude. Ihre ehrgeizigen Bemühungen, was sie betraf, waren unbestreitbar von der durchdachtesten Art, denn beide waren sie reich genug, um den Rhythmus selbst noch dieser unvergleichlichen Tänzerin ein wenig zu verschleppen, so schwer wog ihr Tribut an Perlen und eckigen Smaragden. Die Leidenschaft, die sie für sie empfanden, war vom Wahnsinn nicht weit entfernt. Sie durchschritten ihren jeweiligen Salon unter den marternden Peitschenhieben der Wenns, Abers und Vielleichts, die ihnen die Schuhsohlen zu Waffeln verschlissen und ihre Gefühle zu einer einzigen misstönenden Verzweiflung; denn zu beider Liebeskrankheit kam noch die unerträglich dramatische Tatsache, dass diese rivalisierenden Liebhaber seit der Kindheit eng befreundet waren. Sie hatten auf demselben freiherrlichen Fußboden mit Murmeln gespielt, waren im Bois vom selben Pferd abgeworfen worden – denn ihre Familien hatten einander alljährlich besucht. Als sie das Mannesalter erreicht hatten, hatten sie einträchtig Verluste an der Börse erlitten und zu ihrer Zufriedenheit mit den besseren Rheinweinen spekuliert. Sie hatten jeder jeweils die Sprache des anderen erlernt, und der Baron bot den *Freund* für den *ami* des Vicomte. Sie hatten gemeinsam in Afrika gejagt und Glück und Unglück geteilt …, und als die Jahre sich bemerkbar zu machen begannen, hatten sie in ihrem Lieblingsheilbad gemeinsam Glas um Glas gesunden Quellwassers getrunken. Ihre unverbrüchliche Treue zueinander war Legende geworden, ihre Freundschaft ein edles Bauwerk, das auf einen Felsen der Wahrhaftigkeit gegründet war.

Und nun war Vava Hajos in ihr Leben getreten. Und wo sie bislang Arm in Arm marschiert waren, mussten sie nun leise auftreten und auf die Zehen des anderen achtgeben; wo nichts als schlichtes Einverständnis geherrscht hatte, da wurde nun ein Zweifel, eine Frage geboren. Auf den friedvollen Pfad ihrer Freundschaft war der furchtbare Schatten der Rivalität gefallen. Sie liebten dieselbe Frau.

Strenggenommen hatte der Vicomte dem Baron gegenüber in der Vava-Sache einen Vorsprung von achtundvierzig Stunden. Er hatte sie zuerst gesehen, und die schlagartige Verzauberung, die ihre Schönheit an ihm bewirkte, verstieg sich bis hin zu fünf Dutzend jener berühmten deutschen Rosen, die allzeit bereit scheinen, zur Ehre ihres Vaterlandes an ihren Stielen hinzuwelken.

Liebestrunken war der Vicomte an jenem Abend heimgetaumelt, um Vavas Schönheit Kerzen der Ekstase anzuzünden. Auf und ab schreitend, versuchte er fieberhaft, Mittel und Wege zu ersinnen, wie er die Wertschätzung dieser ungekannten kleinen, dieser tanzenden Miszelle aus Gold und Elfenbein und schwebendem Tüll erringen konnte, deren Zauber so unfehlbar, so unsäglich mächtig war; denn da war etwas an der rhythmischen Hüftbeuge Vavas, das von verborgenen Dingen kündete, die vor langer, langer Zeit begangen worden waren, ehe Vater und Mutter auch nur den leisesten Verdacht schöpfen konnten.

Der Vicomte durchschritt seine Zimmer bis zum Morgengrauen. Und nahm am darauffolgenden Abend den Baron mit ins Theater, sodass er sich dies herrliche Mädchen anschauen konnte. Der Baron war zunächst skeptisch – doch als er Vava erblickte, packte ihn ein Schwindel, und sein Herz schlug so ungebärdig, dass er wie von einem Lachanfall geschüttelt wurde … Doch er lachte nicht.

In der Pause saßen sie in ›den Zelten‹, tranken schwarzen Kaffee und rauchten Zigarren und sprachen von ihr, und ihr Loblied war zügellos, lyrisch, rokokohaft. Danach saßen sie die ganze Nacht beisammen vor den glühenden Scheiten des Barons, und der Morgen dämmerte fast, bis der Vicomte erkannte, dass der Baron nicht aus freundschaftlicher Anteilnahme von Vava sprach, sondern weil er selbst verliebt war.

Dann begann ein bezauberndes Tête-à-Tête. Sie gestanden einander ihre Liebe ein, sie besiegelten sie mit einem Händedruck; sie waren gleichzeitig selig und zutiefst unglücklich. Keinem von beiden wäre es je in den Sinn gekommen, dass Vava selbst Gelegenheit hätte erhalten sollen, zwischen ihnen zu wählen, denn das ist so die Art reicher Herren mit Adelstitel, wenn die fragliche Dame ihren Rang nur Gott allein zu verdanken hat. Eine solche Schlacht von dreien wird immer von zweien ausgefochten. Doch was, so fragten sie sich selbst und einander, war in einem solchen Falle zu tun?

Sie sprachen freimütig darüber. Keine hinterhältigen, heimlichen Manöver sollten die Reinheit der Freundestreue trüben. Sie waren Gefährten, Brüder … Sie würden in dieser Sache gemeinschaftlich vorgehen.

Der Baron bestand darauf, dass sein Freund, da er Vava ja zuerst gesehen hatte, ein Anrecht auf den ersten Annäherungsversuch habe. Er selbst, sagte der Baron, würde es darauf ankommen lassen. Und als der Vicomte sich nach wackerem Protest schließlich dreingeschickt und zugestimmt hatte, stellte sich heraus, dass das in der Tat eine gescheite Lösung war. Denn am nächsten Tag erhielt er ein Telegramm, aus dem hervorging, dass seine betagte Mutter, die sich während eines vierzehntägigen Aufenthalts in Venedig eine Halskrankheit zugezogen hatte, eilends an ihren Wohnsitz in Südfrankreich zurückgekehrt war, dennoch aber jeden Moment das Zeitliche segnen konnte. Er beschloss, sofort abzureisen, und die wenigen noch verbleibenden Stunden in Berlin waren gleichermaßen der Sorge um seine Mutter wie der letzten verzweifelten Anstrengung gewidmet, das Zwillingsproblem von Freundschaft und Liebe zu lösen.

Der Baron, der den sehnlichen Wunsch hatte, die Betrübnis eines Freundes zu lindern, schwor, dass er während dessen Abwesenheit nicht den kleinsten Versuch unternehmen werde, Vava für sich zu gewinnen. Der Vicomte gelobte seinerseits, dass er jede Stunde seiner Reise unablässig bemüht sein werde, Vava um seines Freundes willen zu vergessen. Als der Zug sich in Bewegung setzte, lehnte er sich weit aus dem Abteilfenster und sagte:

»Unternimm nichts, darum bitte ich dich, teurer Freund, bis du von mir hörst. Wenn ich dir schreibe, dann bedeutet das, dass ich mein Herz um deinetwillen besiegt habe, dass es mir gelungen ist, sie zu vergessen. Wenn du stattdessen jedoch binnen zwei Wochen nichts von mir hörst, musst du sie vergessen. Und ich glaube«, setzte er hinzu, und sein Blick umwölkte sich, »dass du jenen Brief erhalten wirst.«

Einmal im Süden angelangt, schäumte der Vicomte vor Wut. Er liebte seine Mutter, hielt ihr getreulich die Hand und freute sich, sie auf dem Wege der Besserung zu sehen, doch innerlich raste er über die ausgedehnte Trennung von Vava. Als die Tage vergingen, beunruhigte ihn überdies das Gefühl, sich an der Freundschaft, die ihn mit dem Baron verband, vergangen zu haben, treulos zu sein – denn die zwei Wochen waren mittlerweile abgelaufen, und er hatte den Brief nicht abgeschickt … – jenes Zauberwort, das für seinen Freund Liebe und Glück, ja das Leben selbst bedeutet hätte. Wie gemein er doch war, wie so durch und durch unwürdig! Gemartert stellte er sich den Baron vor, wie er dort, stoisch und unbestechlich, an der Paradiesespforte ausharrte, gegen jede Versuchung gefeit, solange er nicht von seinem Freund gehört hatte.

Warum konnte er es nicht über sich bringen, den Brief zu schreiben? Ein halbes Dutzend Male hatte er es während der vergangenen zwei Wochen versucht, hatte er die Feder genommen, um zu schreiben: »Sie gehört Dir, mein lieber Baron … Ich schenke sie Dir.« Doch jedes Mal war er davor zurückgescheut und am Ende gescheitert. Er konnte den Brief nicht schreiben, er konnte es einfach nicht. Er wollte sie nicht aufgeben. Nach fünfzig Jahren der Freundschaft war er ein Geizhals geworden, der seinem teuersten Freund versagte, was ihm doch alles bedeutete ... Was für ein Mensch war er eigentlich? fragte er sich grimmig. Warum konnte er sein Glück nicht im Glück jener beiden finden? Er hatte doch versprochen, es zu versuchen, er hatte fast versprochen, dass es ihm gelingen werde – und nun konnte er es nicht.

Als die Stunde näher rückte, wo er wieder nach Berlin zurückkehren sollte, erreichte seine Verzweiflung ein solch tragisches Ausmaß, dass er händeringend auf einen Plan, einen Ausweg sann. Kam es denn jetzt, fünf Minuten vor zwölf, auf eine kleine Lüge an, wo es doch darum ging, den Freund zu retten? Wie viele Menschen griffen nicht zu dieser Art von Lüge, indem sie eilends Bestätigungsbriefe schrieben – nach all den Phantombriefen, die sie hätten schreiben sollen, jedoch nicht geschrieben haben. »Mein Lieber!«, so riefen sie unter dem ungläubigen Auf und Ab der Feder. »Willst Du behaupten, Du habest den Brief, den ich Dir vor einem Monat geschrieben habe, nie *bekommen*? Ich *habe* Dir aber geschrieben ...« Es war eine weiße Lüge, die bleiche, gemarterte Imitation einer Lüge. Weshalb sollte er jetzt nicht

Gebrauch davon machen, indem er den Brief mit seiner Frage so absandte, dass der Baron ihn am Morgen des Tages, an dem er selbst in Berlin einträfe, erhalten würde?

Eilends schrieb er: »Mein lieber Freund, ist es möglich, dass Du meinen Brief nicht erhalten hast ...?« und setzte hinzu:

»Ich treffe am Abend des 24. in Berlin ein. Besuch mich bitte unverzüglich.« Er versiegelte ihn mit einem schweren Siegel, schickte ihn ab und war zum ersten Mal wieder froh.

Fiebernd vor Erregung traf er in Berlin ein. Sein Freund würde ihn in seiner Wohnung vor dem Kaminfeuer erwarten; und wenn er es richtig anstellte, seine Melancholie im richtigen Moment zur Geltung brächte, im rechten Augenblick dezent einen Seufzer des Bedauerns hören ließe, eine tragische Geste des Verzichts anzubringen wüsste, würde das den Baron so tief berühren, dass dieser gefühlvolle Mensch, da war er sich sicher, bestimmt einverstanden wäre, ach was – geradezu darauf bestehen würde, Vava ein zweites Mal aufzugeben, sie dem Freunde, dem Vicomte, wieder in die Arme zu werfen. Und der Vicomte wäre doppelt glücklich dran, denn da er ja durch alle Stationen der Opferbereitschaft gegangen war, würde er in den Augen seines Freundes nicht im Geringsten an Ansehen verlieren. Es war ein scharfsinniger Plan von bestechender Schlichtheit.

Er schüttelte sich den Schnee vom Kragen, während er die Treppe zu seiner Wohnung hinaufrannte. Atemlos erkundigte er sich, ob der Baron schon da sei. Nein, so erfuhr er, es sei niemand da. Er trat in den Salon, wo sie zuletzt miteinander gesprochen hatten, goss sich einen Brandy Soda ein und schaute auf die Uhr. Es war noch früh – wahrscheinlich würde der Baron nicht vor halb elf eintreffen. Er hätte sogar noch Zeit, überlegte er, Vava einen Besuch abzustatten … doch nein. Das Ganze sollte ohne jeden Makel zu Ende geführt werden. Erst würde er mit dem Freund sprechen.

Er nahm sich seine Post vor – Rechnungen, ein Brief seines Schneiders wegen einer Anprobe … Dann erblickte er einen Brief, der von der Hand des Barons adressiert war und einen vier Tage alten Poststempel trug. Schlimmes ahnend, riss er ihn zitternd auf.

»Wann war je ein Mensch mit einem so noblen, so großzügigen Freund gesegnet!«, schrieb der Baron. »Selbstverständlich habe ich Deinen Brief erhalten – er traf vor einer Woche ein, genau wie Du vorausgesagt hattest. Du bist ein wahrer Sportsmann, ein Held, ein Gentleman …, und Vava und ich umarmen Dich!«

»Solange es Frauen auf der Welt gibt, wie sollte da etwas vor die Hunde gehen?«

Die amerikanische Schauspielerin Lillian Russell (1861–1922) im Gespräch mit D.B. 1914.

QUELLEN

NACH MITTERNACHT AMÜSIERT COCO CHANEL ÜBERHAUPT
NICHTS MEHR aus *Portraits*, © 1985 Verlag Klaus Wagenbach,
Berlin.
Übersetzt von Karin Kersten.

GEGEN DIE NATUR aus *Ratschläge für die kultivierte Frau*,
© 1994 Verlag Klaus Wagenbach, Berlin.
Übersetzt von Inge von Weidenbaum.

FRANZÖSISCHE ETIKETTE FÜR AUSLÄNDER aus *Die Frau, die auf
Reisen geht, um zu vergessen*, © 1992 Verlag Klaus Wagenbach,
Berlin.
Übersetzt von Inge von Weidenbaum.

HINTER DEM HERZEN aus *Hinter dem Herzen*, © 1996 Verlag
Klaus Wagenbach, Berlin.
Übersetzt von Kyra Stromberg.

LA GRANDE MALADE aus *Eine Nacht mit den Pferden*,
© 1999 Verlag Klaus Wagenbach, Berlin.
Übersetzt von Karin Kersten.

DER BRIEF, DER NIEMALS ABGESCHICKT WURDE aus *Eine Nacht
mit den Pferden*, © 1999 Verlag Klaus Wagenbach, Berlin.
Übersetzt von Karin Kersten.

Die Zitate an den Textenden stammen allesamt aus dem Band
Portraits, © 1985 Verlag Klaus Wagenbach, Berlin.

Bildnachweis
Frontispiz: © Man Ray

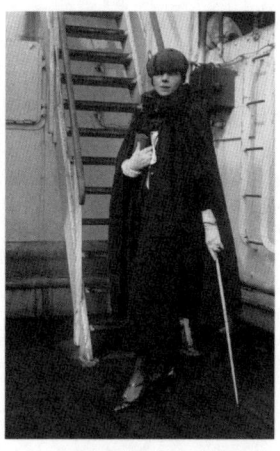

DJUNA BARNES, 1892 in Cornwall-on-Hudson geboren, begann ihre Karriere als Journalistin. 1922 ging
sie als Korrespondentin nach Europa und lebte lange
in Paris. Als eine der zentralen Figuren der Bohème
war die emanzipierte Exzentrikerin in künstlerischen
und literarischen Zirkeln zu Hause. Die Lady of Fashi-
on war mit ihren langen Capes und schrägen Hüten
eine markante Erscheinung, die Journalistin über-
raschte durch freche, ungewöhnliche Fragen. Als
Autorin schuf Barnes neben ihren Erzählungen und
Theaterstücken den großen Roman *Nachtgewächs*.
Und als Frau war sie rasende Liebhaberin von Frau-
en und Männern zugleich. Ende der dreißiger Jahre
zog sie sich nach New York zurück, wo sie 1982 starb.

NOCH MEHR DaCapo ...

Ermanno Cavazzoni *Idioten!*
Kurze Lebensläufe
Lakonische und gewitzte Geschichten von seltsamen
Leuten, die uns das Lachen lehren.
Aus dem Italienischen von Marianne Schneider

Natalia Ginzburg *Drei kleine Tugenden*
Die große italienische Autorin erklärt, warum wir die
großen Tugenden wie Großzügigkeit den kleinen Tugenden wie Sparsamkeit vorziehen sollen.
Aus dem Italienischen von Maja Pflug

AMORE!
Liebesgeschichten
Amore! Geschichten von der Liebe – voller Überra-
schungen und unerwarteter Wendungen, erzählt von
großen italienischen Autorinnen und Autoren.

Die Reihe DaCapo wird herausgegeben von
Susanne Schüssler.

© 2019 Verlag Klaus Wagenbach
Emser Straße 40/41, 10719 Berlin
www.wagenbach.de
Umschlaggestaltung Julie August. Gesetzt aus der
Futura. Vorsatz- und Überzugsmaterial von peyer
graphic, Leonberg. Gedruckt auf Schleipen bei
Kösel, Krugzell. Printed in Germany. Alle Rechte
vorbehalten.

ISBN 978 3 8031 3317 5